L'Esprit libre
Dieu en nous

AF365527

*La Parole éternelle,
le Dieu unique et universel, l'Esprit libre,
parle à travers Gabriele,
comme à travers tous les prophètes de Dieu –
Abraham, Job, Moïse, Elie, Isaïe,
Jésus de Nazareth,
le Christ de Dieu*

L'Esprit libre

Dieu en nous

Gabriele

Editions Gabriele
La Parole

1ᵉʳᵉ édition en français : mars 2021

© Gabriele-Verlag Das Wort GmbH
Max-Braun-Str. 2, 97828 Marktheidenfeld, Allemagne
www.gabriele-verlag.com • www.editions-gabriele.com

Titre original en allemand :
Der Freie Geist – Gott in uns

Pour toute question se rapportant au sens,
l'édition allemande fait autorité.
Traduction de l'allemand autorisée par
© Gabriele-Verlag Das Wort

Tous droits réservés

N° de comm. : S179fr POD • N° ISBN : 978-3-96446-065-3

Table des matières :

Introduction 7

Dieu n'habite pas dans des églises
faites de main d'homme 9

Etre « chrétien » signifie suivre
les enseignements de Jésus de Nazareth 14

Où est Dieu ? 19

Celui qui pense librement est
un bon analyste 28

Une personne suivant Jésus de Nazareth
fait part de ses expériences 30

Qu'est-ce que le sens de la communauté ? 32

Nous vivons dans le grand océan DIEU 38

Dieu est liberté 46

Vivre véritablement, c'est vivre en Dieu 51

Comment se rapprocher de Dieu ? 58

Le genre humain de la Nouvelle Ere 67

Dieu est présent 72

Introduction

Bien des choses sont dites et écrites sur Dieu – mais qui connaît la vérité ?

En réalité, personne ne peut prouver à quiconque que Dieu existe vraiment. Pas non plus une religion extérieure ou une institution ecclésiastique.

Pourtant, le titre de ce livre est : Dieu en nous !

Qui est à même de dire cela ? Une personne qui fait l'expérience de Dieu en elle-même : Gabriele, la prophétesse et messagère de Dieu à notre époque, qui vit en Dieu et donne Sa Parole de vérité à l'humanité depuis plus de 45 ans. Dans ce livre, Gabriele invite à réfléchir, elle donne des indications et des aides permettant à chacun de se donner lui-même la preuve que Dieu existe et est en chacun de nous.

En effet, tout un chacun peut faire lui-même l'expérience de Dieu. De cette expérience découle la joie et la certitude que Dieu est en chacun de nous. Dieu est dans toutes les formes de vie. Dieu est présent en toute chose.

Ce livre est né d'une série d'émissions télévisées sur le thème « L'Esprit libre – Dieu en nous » auxquelles participèrent des personnes suivant Jésus de Nazareth. Le texte de ces émissions est issu de la plume de Gabriele qui donne à partir de la corne d'abondance de la sagesse divine et du véritable trésor que constitue son expérience personnelle. Ce texte a été adapté à une version écrite, reproduite dans ce livre.

Gabriele, en tant que messagère de l'Esprit libre, offre la vérité à tous ceux qui sont en quête de Dieu.

« Dieu en nous » montre au lecteur le chemin qui mène à la liberté, qui permet de sortir des croyances asphyxiantes, des traditions rigides et des institutions qui nous lient – le chemin qui mène à Dieu, à Dieu en nous.

Les Editions Gabriele - La Parole

Dieu n'habite pas dans des églises faites de main d'homme

Tout particulièrement à l'époque actuelle, le thème « Dieu en nous » peut passer aux yeux de beaucoup de gens pour une provocation. En effet, à l'écoute ou à la lecture de ce que rapportent les médias sur les événements qui se déroulent dans le monde, on constate combien DIEU – et plus encore le fait que Dieu est en nous – se trouve de plus en plus relégué à l'arrière-plan !

Les médias font part de catastrophes, du comportement des êtres humains, de la manière dont ils traitent leurs semblables, de l'hostilité dont ils font preuve envers ceux qui ne partagent pas leurs opinions ou conceptions. La Terre, toute la nature, les animaux et les plantes souffrent de l'utilisation mensongère du qualificatif « chrétien » – qui fait croire que ceux qui l'utilisent font ce que Jésus a enseigné – ainsi que de l'égocentrisme de ceux qui les exploitent. A coup d'innombrables arguments, la Terre est pillée, les animaux sont torturés et tués, et la nature est ravagée. Une chose est sûre, tout cela n'a rien à voir avec Dieu ni avec Jésus de Nazareth.

Et voilà que quelqu'un ose affirmer : « Dieu est en nous ! »

Penser que Dieu est en nous n'est en fait pas un concept lointain et devrait encore moins l'être pour ceux qui croient en Jésus de Nazareth, au Christ de Dieu qui, comme le disent les chrétiens, est le Rédempteur de l'humanité.

En effet, parmi Ses nombreux enseignements, il y en a un qui nous rend attentifs à cet aspect. Jésus enseignait que chacun de nous est le temple de Dieu et que Dieu, l'Eternel, habite en nous. C'est pourquoi, si nous croyons en Jésus, le Christ, et à Son enseignement, qui est un enseignement simple, l'idée que Dieu est en nous n'est pas quelque chose d'abstrait.

Malheureusement, le mode de pensée de l'être humain est extrêmement tordu. Nous croyons en des institutions ecclésiastiques qui célèbrent toutes leurs cérémonies grandiloquentes en les qualifiant de chrétiennes, alors que Jésus de Nazareth n'a enseigné ni cultes ni rites. Au contraire, Il a dit que chacun de nous est le temple de Dieu, que Dieu habite en chaque être humain, en chaque âme. A l'heure actuelle, beaucoup de gens réfléchissent à tout cela et sont de plus en plus nombreux à quitter les institutions ecclésiastiques. On entend toujours plus souvent parler de la débauche de la caste des prêtres, de l'hypocrisie et du mensonge qui règnent en son sein, et surtout des innombrables actes pervers que l'on ne peut que qualifier d'abomination et de monstruosités.

Rappelons-nous ce que Jésus de Nazareth, le Christ de Dieu, a dit à juste titre : « *Ne vous faites pas appeler Rabbi, car un seul est votre Maître ; et vous êtes tous frères.* »

Ceci s'adresse tout particulièrement à toutes les « Excellences » et « Eminences » ecclésiastiques, en fait à toute la caste des prêtres. Chaque être humain est plus ou moins un pécheur, y compris les prêtres.

Si nous croyons que Dieu est en nous, nous nous confrontons alors forcément à cette question : Avons-nous besoin d'églises faites de main d'homme ?
Déjà à travers Isaïe, Dieu, notre Père éternel, a dit : « *Le Très-Haut n'habite pas dans ce qui est fait de main d'homme.* »
Tous les fidèles des Eglises devraient en fait se demander : Où dois-je aller pour prier ?

Si nous reprenons ces paroles de Jésus : « *Tu es le temple de Dieu, et Dieu habite en toi* », c'est-à-dire en chacun de nous, cela signifie que nous devrions nous rendre dans notre temple de chair et d'os, en étant profondément conscients que Dieu est en nous.

Si Dieu est en nous, pourquoi alors aurait-on besoin des prêtres que Jésus appelait Rabbis ? De plus, Jésus, le Christ, nous a enseigné que le Royaume de Dieu est en nous. Alors, pourquoi se rendre dans des églises faites de main d'homme si le Royaume de Dieu est en nous et que Dieu habite en nous ?

Dieu est la Loi de la Vie, et la loi de la Vie c'est la liberté car Dieu est liberté et Il habite en nous. Dieu est donc en nous.

Etre « chrétien » signifie
suivre les enseignements de
Jésus de Nazareth

Beaucoup de gens, et ils sont toujours plus nombreux, ne trouvent pratiquement plus aucun soutien dans les églises faites de main d'homme. C'est pourquoi ils sont toujours plus nombreux à les quitter, déçus par le comportement institutionnel des prêtres, les enseignants de l'Eglise. Ils ne se sentent plus à la maison dans ces églises parce qu'ils n'y ont pas trouvé Dieu. D'autres encore hochent la tête en disant : « Dieu n'existe pas, car s'Il existe, où est-Il alors ? » Les autorités ecclésiastiques ont perdu leur crédibilité. Les politiciens, eux, rabâchent leur discours sur « l'intérêt général » et « l'engagement social », mais en creusant un peu, on se rend compte assez vite qu'en définitive presque tout tourne toujours autour du profit et de l'intérêt personnel. Par exemple, les politiciens allemands de partis qui se disent chrétiens dirigent un pays qui s'avère pourtant être le troisième plus grand exportateur d'armes au monde. Malgré tout, ils se prétendent chrétiens !

Or, être chrétien signifie suivre les enseignements de Jésus de Nazareth.

Donc, si l'Allemagne, par exemple, est le troisième plus grand exportateur d'armes au monde, pourquoi se dire chrétien ? Ce gouvernement soi-disant chrétien ne serait-il pas plutôt subordonné aux institutions ecclésiastiques ? Car exporter des armes ne peut pas être chrétien ! Jésus, le Christ, nous a enseigné tout autre chose : « *Celui qui prend l'épée périra par l'épée.* »

Et aussi : « *Aimez vos ennemis. Faites le bien à ceux qui vous haïssent.* »

Et « *Bienheureux les pacifiques, ... car ils posséderont la terre.* »

Jésus a également dit :

« *Ce que tu fais aux plus petits d'entre les miens, c'est à Moi que tu le fais.* »

L'enseignement de Jésus de Nazareth est foncièrement non-violent. Il n'a pas dit que nous devrions nous armer pour rendre les coups. Il enseignait :

« *Si quelqu'un te frappe sur la joue droite, présente-lui aussi l'autre.* »

Se faire gifler et tendre l'autre joue n'est pas évident à comprendre. Comment expliquer cette phrase à la lumière des Lois de Dieu ? Car on pourrait croire qu'une personne qui réagit ainsi accepte tout sans rien dire. Un tel comportement correspond-il aux Lois de Dieu ?

Là aussi, Jésus a été un exemple : Lorsqu'il fut arrêté pour être conduit devant Ponce Pilate, l'un des soldats Le frappa en plein visage. Jésus lui demanda alors : « *Pourquoi Me frappes-tu ? Si J'ai mal parlé, montre ce que J'ai dit de mal. Mais si J'ai bien parlé, pourquoi Me frappes-tu ?* »

Jésus ne fit que rectifier les choses. Il a défendu la Vérité, mais n'a pas rendu les coups. Cela veut dire que nous ne devrions pas tout accepter sans rien dire, mais, comme nous l'a enseigné Jésus, poser des questions, demander pourquoi on nous traite de la sorte.

Néanmoins, pour reprendre l'exemple cité précédemment, l'Allemagne, en tant que troisième exportateur d'armes au monde, approuve pourtant que cet armement soit employé pour tuer, par exemple lors d'une attaque ou d'une riposte contre un autre pays.
A quoi bon un gouvernement « chrétien » s'il ne respecte pas ce que Jésus a enseigné ? Ou bien alors ce gouvernement n'est-il en réalité que le valet de la caste des prêtres allemande dont la loi et le droit sont un véritable combat contre le prochain ?
La preuve qu'il en est ainsi, c'est que chaque année, les institutions ecclésiastiques allemandes reçoivent de l'Etat environ 14 milliards

d'euros de subventions. Tant qu'il en sera ainsi, bien peu de choses changeront, car le cheval, la monture, qu'est l'Etat ne voit même pas la nécessité de se débarrasser de son cavalier, c'est-à-dire des églises dogmatiques, et de changer de comportement envers Dieu et Son fils, le Christ.

Où est Dieu ?

C'est pourquoi cette question revient régulièrement : A quoi sert Dieu, sans même parler de Dieu en nous ? Car si Dieu tolère toutes ces choses, on devrait en fait en conclure qu'Il n'existe pas. Et s'Il existe malgré tout, pourquoi laisse-t-Il faire tout cela ? On dit qu'Il est très sage, où est-Il donc alors ?

De nombreuses recherches dans le domaine de la physique nucléaire et de la physique quantique ont amené les scientifiques à reconnaître que Dieu n'est pas séparé de Sa création, mais qu'Il est omniprésent *dans* Sa Création. S'Il en est ainsi, Il est donc aussi en nous. C'est pourquoi, nous pouvons affirmer « Dieu en nous ».

Dieu, l'Esprit omniprésent, est liberté. Selon la volonté divine, chaque être humain est libre et est aussi responsable de ses actes, de ce qu'il fait et ne fait pas. Même si quelqu'un revêt le manteau du christianisme et en dessous fait outrage à la vie chrétienne, l'Esprit libre n'intervient pas, car chacun est libre et est ainsi lui-même l'artisan de son bonheur ou de son malheur.

Nous avons reçu de Dieu, l'Eternel, et de Son fils, Jésus, un enseignement qui peut nous rendre libres si nous le mettons en pratique dans notre vie. Nous connaissons les Dix Commandements donnés par Dieu à travers Moïse. Celui qui se prétend chrétien devrait également mettre en pratique les enseignements de Jésus de Nazareth dont le Sermon sur la Montagne contient aussi les Dix Commandements de Dieu.

N'oublions pas les paroles de Jésus à la fin de Son Sermon sur la Montagne : « *Ainsi, quiconque écoute ce que Je viens de dire et le met en pratique sera comme un homme intelligent qui a bâti sa maison sur le roc. La pluie est tombée, les rivières ont débordé, la tempête s'est abattue sur cette maison, mais elle ne s'est pas écroulée, car ses fondations avaient été posées sur le roc.*

Mais quiconque écoute ce que Je viens de dire et ne le met pas en pratique sera comme un homme insensé qui a bâti sa maison sur le sable. La pluie est tombée, les rivières ont débordé, la tempête s'est abattue sur cette maison et elle s'est écroulée : sa ruine a été complète. »

Beaucoup de personnes construisent sur du sable. Jésus a dit, plus ou moins en ces termes, que lorsque les eaux monteront elles emporteront le sable. Dieu le Père et Son fils, le Christ, nous ont transmis les différents aspects de la Loi divine. Qui les applique dans sa vie ? Si, malgré ces connaissances, nous bâtissons sur du sable, nous ne devrions alors pas accuser Dieu du malheur qui nous touche. Dieu nous laisse libres. Dieu ne nous contraint à rien. Il nous invite à suivre Ses commandements, mais ne nous y oblige pas. Ainsi, chaque personne qui connaît les Commandements de Dieu et le Sermon sur la Montagne de Jésus est libre de les mettre en pratique ou pas, mais elle en porte aussi la responsabilité.

Chacun de nous est donc responsable de ce qu'il fait des Commandements de Dieu. Soit nous accomplissons la volonté de Dieu, soit nous ne l'accomplissons pas, auquel cas chacun en porte la responsabilité. Si nous croyons en Jésus de Nazareth, même seulement en quelques aspects de Son enseignement, mais n'agissons pas selon ces aspects de la Loi divine, nous sommes nous-mêmes responsables de notre comportement et ne pouvons en faire endosser la responsabilité à quelqu'un d'autre. Que nous croyions en Dieu ou pas, Dieu est en nous.

Revenons à ce qui se passe dans le monde, en particulier à la grande misère qui y règne. Des enfants meurent de faim, des personnes vivent dans des conditions inhumaines, mais les gouvernements qui se disent chrétiens approuvent malgré tout que des églises et des cathédrales soient restaurées et y apportent même leur contribution, ce qui représente des millions et des millions d'euros. C'est généralement l'Etat qui les débourse, c'est-à-dire nous, les contribuables. Pourtant, tous ces millions pourraient servir à beaucoup de choses afin de soulager la misère du monde. Pourquoi avons-nous besoin d'églises et de cathédrales restaurées si Dieu n'habite pas dans ces édifices faits de main d'homme mais en nous-mêmes, et également en chaque enfant qui meurt de faim ?

Nous devrions essayer de prendre conscience et de saisir dans notre cœur ce que signifie : Dieu en nous.

Dieu en vous.
Dieu en chacun de nous.
Le Dieu tout-puissant et omniprésent.

Le Dieu omniprésent est en chaque animal, en chaque brin d'herbe, dans la fleur, dans l'arbre majestueux. Dieu est en chaque pierre.

La force de la Vie, la force de la Terre, tout est Vie omniprésente, Dieu en nous, Dieu en toutes choses.

Dieu est l'Esprit libre, c'est pourquoi chacun de nous est responsable de sa propre vie.
Une personne sensée qui ne bâtit pas sur du sable a conscience qu'elle est elle-même le temple de Dieu. Elle se dira : « Je construis ma vie sur l'Esprit de Dieu et j'applique progressivement Ses Commandements et le Sermon sur la Montagne de Jésus dans ma vie, car Dieu est en moi. »

Rappelons-nous ce que Dieu a dit à travers le prophète Isaïe :
« *Le Seigneur du Ciel et de la Terre n'habite pas dans ce qui est fait de main d'homme.* »

Si nous continuons à approfondir notre thème « Dieu en nous », nous comprenons toujours mieux cette affirmation que Dieu est en nous et que chacun est le temple de Dieu ; et aussi que Dieu, la force toute-puissante et omni-présente, habite en nous. Lorsque nous nous promenons, Dieu est en tout ce qui nous en-toure car Il est omniprésent. Autrement dit, il s'agit d'une communication avec la Vie qu'est Dieu.

L'état de notre monde démontre que la plu-part d'entre nous ont cru et suivi la caste des prêtres. Car si les enseignements que ces derniers ont donnés depuis des milliers d'an-nées étaient la vérité, ce monde serait tout autre. En réalité, l'état de celui-ci est le reflet de l'homme : guerres, assassinats, famines, souffrances, maladies, épidémies, atrocités sans fin contre les animaux. Et ensuite, on se demande : Mais où est Dieu ?

Ce qui est sûr, c'est qu'Il n'est pas dans un bâ-timent fait de main d'homme, appelé église, et pas non plus dans ce qui est enseigné par la caste des prêtres. Ceux qui se réclament de l'enseignement de Jésus, du Christ, ce que fait également la caste des prêtres dans les églises, devraient être pacifiques, conscients de Dieu, respecter la Terre et tout ce qui y vit, respecter la Vie.

Le dieu des prêtres n'existe donc pas, mais *le* Dieu véritable en vous, en nous, Lui, existe ! Il est dans tous les êtres humains, dans toutes Ses créatures, dans toute la création, dans toute la nature.

Toujours plus de personnes s'interrogent et demandent pourquoi Dieu laisse-t-Il faire tout ce qui se passe sur la Terre.

Mais que devrait-Il faire des ruines que l'ego humain a laissées derrière lui ? Doit-Il faire s'écrouler ce qu'il en reste ? Inutile, l'être humain s'en charge très bien lui-même, car *nous* sommes en effet la cause de l'état de ce monde et de la Terre, et non Dieu.

Dieu nous a donné le libre arbitre, car la Vie qu'est Dieu est Liberté. Dieu ne contraint pas. Il n'oblige aucune de Ses créatures à quoi que ce soit. Dieu est Liberté. Dieu est l'Esprit de la Vie. Celui qui détruit intentionnellement la Vie est contre Lui et se met au-dessus de l'Esprit tout-puissant, Dieu.

Celui qui pense librement est un bon analyste

La liberté que Dieu nous a donnée nous permet de penser librement.

Quelques questions pour les bons analystes ainsi que pour tous ceux qui, sceptiques, hochent maintenant la tête :
Etes-vous donc un mouton, un béni-oui-oui qui acquiesce à tout ce qu'on lui dit ? Quelqu'un qui croit ce que d'autres essaient de lui faire avaler, par exemple à propos de Dieu ? Un suiveur qui a besoin d'églises construites de main d'homme, de traditions et de confessions, et par conséquent des prêtres dogmatiques ?
Ou bien êtes-vous un esprit libre qui a appris à réfléchir par lui-même et à ne pas croire tout ce qu'on lui fait miroiter, par exemple la promesse que Dieu se trouverait en tel ou tel endroit, ou encore que le chaos régnant dans ce monde relèverait des « secrets » de Dieu ?

Pourquoi les institutions, mais aussi d'autres personnes, parlent-elles régulièrement des « secrets » ou « mystères » de Dieu ?

Posons-nous cette question : Dieu est-Il parfait ? Est-Il l'Esprit absolu ? S'Il est l'Esprit absolu, l'Esprit de la création, l'Esprit de la liberté, l'Esprit de l'infini, pour quelles raisons aurait-Il des secrets ? A-t-Il quelque chose à nous cacher ? Si c'était le cas, d'une part l'Eternel ne serait pas libre, d'autre part Il serait également un pécheur, car seul un pécheur a quelque chose à cacher. Seul un pécheur a des secrets, Dieu, Lui, n'en a pas.

Qui a inventé cette idée du secret ? Et qui cherche à l'instiller dans nos esprits ? En tout cas, pas Jésus de Nazareth, car dans la Bible, quel qu'en soit le passage, Jésus ne parle jamais de secrets ou de mystères. Le secret est une invention des prêtres qui ont progressivement défiguré et assombri l'enseignement de Jésus de Nazareth, et fait ensuite avalé à leurs fidèles tous les illogismes qui découlaient de cette altération en les classant dans la rubrique « secrets » ou « mystères » de Dieu.

Une personne suivant Jésus de Nazareth fait part de ses expériences

« J'ai cessé de croire aux prêtres en prenant conscience que Dieu est en moi. J'ai appris à tourner mes prières vers Dieu *en* moi et à accomplir peu à peu dans ma vie quotidienne ce que je dépose en elles, à me demander si ce que je pense, dis et fais correspond à l'enseignement de Jésus de Nazareth. Si ce n'est pas le cas, je m'efforce de dépasser progressivement ces aspects humains, ces aspects pécheurs, avec la force intérieure. Grâce à cela, je deviens plus libre, plus heureux, et toujours plus léger intérieurement.

Je peux aller dans la nature, y prier et prendre régulièrement conscience que ce que je vois,

je le ressens en moi car Dieu, l'Esprit libre, le Créateur tout-puissant, est en toutes choses.
Avec le temps, on apprend à communiquer avec les forces *dans* la nature, *dans* les animaux, et notamment avec les forces de l'Infini. Car Dieu est l'Esprit de l'Infini.
Je peux dire que je deviens toujours plus libre.
Je peux prier librement ; je n'ai plus besoin de *croire* en un Dieu d'amour, d'unité, de paix, de liberté, j'*en fais l'expérience* en moi-même, dans la prière profonde. »

Qu'est-ce que le sens
de la communauté ?

De par notre nature profonde, nous sommes des êtres faits pour vivre en commun. Personne ne devrait être seul, car il est écrit : « *Il n'est pas bon que l'être humain soit seul.* » Mais cela ne signifie pas pour autant que l'on doive s'accrocher à une personne. Celui qui s'efforce de trouver Dieu en lui développe en même temps le vrai sens de la communauté qui comprend aussi la fidélité.

Que faut-il comprendre par sens de la communauté ?
Les personnes qui veulent constituer une vraie communauté emplie de Vie devraient avoir une relation intérieure à Dieu. C'est à partir de la foi vivante de chacun qu'une amitié profonde peut grandir, une vraie bonne entente.
Une vraie bonne entente se développe également lorsque l'on se dit mutuellement et

ouvertement ce qui ne va pas. Si l'on reconnaît alors ce qui ne va pas et qu'on le met en ordre, une amitié authentique et sincère se construit, car on entretient ainsi la droiture qui ne laisse aucune place à la dévalorisation sous-jacente du prochain.

Trouver Dieu et développer un sens profond, authentique, de la communauté, une amitié intérieure, une vraie bonne entente, franche et sincère, implique donc tout d'abord de se trouver soi-même en suivant ce que Jésus, le Christ, a enseigné. Il a dit, entre autres : « *Je suis le chemin, la vérité et la vie. Personne ne peut aller au Père autrement que par Moi.* »

Prendre au sérieux et mettre en pratique au quotidien les paroles de Jésus, du Christ, nous conduit à faire toujours plus profondément l'expérience que la nature intérieure de l'être humain ne le destine pas à être seul mais à vivre en commun.

Dans le Royaume de Dieu – duquel nous sommes tous issus, au plus profond de notre âme – personne n'est seul, personne ne vit en solitaire. Il y a de grandes familles et au cœur se trouve Dieu-Père qui, selon le principe de l'unité, est pour chaque être divin à la fois Mère et Père. Nous voyons donc que dans le Royaume de Dieu également, le sens de la communauté est quelque chose d'évident.

Ici, sur Terre, nous parlons du sens de la communauté. Dans le Royaume de Dieu on parle de grandes familles dont les membres sont tous traversés et portés de façon égale par le rayonnement de Dieu, la force de l'univers. On constate à nouveau ici l'unité, l'égalité, la liberté et la fraternité. Chacun est orienté sur la grande lumière qu'est Dieu.

Celui qui promet quelque chose à quelqu'un doit pouvoir le prouver, surtout lorsqu'il s'agit de Lois divines. Beaucoup de gens, en particulier les prêtres, croient qu'ils peuvent prouver l'existence de Dieu. Mais personne ne peut prouver Dieu à quelqu'un d'autre.

Chacun doit lui-même trouver Dieu. Et où peut-on Le trouver ? Au plus profond de chacun. Celui qui est tourné vers Dieu peut apporter son expérience et expliquer comment il s'est rapproché de Dieu en lui-même, mais il ne peut le prouver à son prochain.

Entre-temps, il est clair pour moi que Dieu n'est pas ici ou là, Dieu est la Vie, la force en nous, en chacun de nous.

J'ai appris très tôt à ne pas me lier à des personnes, même si elles me promettent beaucoup et veulent m'entraîner ici et là pour trouver Dieu. J'ai conscience que je dois moi-même Le trouver, car Dieu est en moi. Si je suis le chemin qui mène à Dieu en moi, je me trouve alors moi-même, je trouve mon Soi intérieur et également mon prochain qui est pour moi un frère, une sœur, qui chemine également vers Dieu en lui, en elle. C'est là *le* vrai chemin,

« Dieu en nous », qui unit, qui permet de se trouver les uns les autres. Tout le reste, tout ce qui nous amène à croire que nous pouvons trouver Dieu ici ou là n'est qu'illusion.

Cela veut donc dire que même si une personne a trouvé Dieu au plus profond d'elle-même, elle ne peut en apporter la preuve aux autres. Se comporter en exemple peut en donner une indication, mais ne constitue pas une preuve.

Des paroles de Vérité ne lient donc jamais personne, car elles contiennent l'enseignement de Jésus, du Christ. Il nous a fait une promesse sur laquelle nous pouvons compter, Il a dit : « *Je suis le chemin, la vérité et la vie.* » Et le Christ fait un avec Dieu, Son Père et notre Père.

Nous devrions donc aspirer à trouver Dieu en nous, chacun personnellement. Si nous le faisons, nous serons alors conduits vers d'autres personnes qui, elles aussi, suivent ce chemin. Chacun le suit individuellement. Pourquoi ? Parce que chacun a ses propres obstacles à dépasser. Chacun s'est chargé différemment et se défait progressivement de ses charges et péchés avec Dieu en lui, en les réglant et en les mettant en ordre. Il se libère ainsi du désordre qu'il avait créé et parvient à l'ordre de Dieu, à Sa Loi de la Vie. L'enseignement de Jésus nous donne des repères, une orientation nous permettant de parvenir à la communauté dans Son Esprit, à une amitié sincère et authentique avec ceux qui *font* ce que veut Dieu en nous.

Nous vivons dans le grand océan DIEU

Dans la grande révélation du Christ intitulé
« Ceci est Ma Parole. La révélation du Christ
que connaissent les véritables chrétiens du
monde entier », nous pouvons lire qu'à Son
époque Jésus de Nazareth devait Lui aussi
répondre à Ses contemporains qui posaient
des questions au sujet de Dieu. Voici ce qu'on
peut y lire :

*Alors quelques personnes remplies de doutes
vinrent à Jésus en disant : « Tu nous as dit
que notre vie et notre existence viennent de
Dieu, mais nous n'avons jamais vu Dieu et
ne connaissons aucun Dieu. Peux-Tu nous Le
montrer, Celui que Tu nommes le Père et le
Dieu unique ? Nous ne savons pas s'il existe
un Dieu. »*

*Jésus leur répondit en disant : « Ecoutez cette
parabole des poissons. Les poissons d'un
fleuve parlaient entre eux et disaient : On nous*

raconte que notre vie et notre existence viennent de l'eau, mais nous n'avons jamais vu d'eau, nous ne savons pas ce que c'est. Alors plusieurs d'entre eux plus avisés que les autres parlèrent : "Nous avons entendu que dans la mer vit un poisson sage et érudit qui connaît toutes choses. Allons le voir et prions-le de nous montrer l'eau."

Ainsi quelques-uns d'entre eux se mirent en chemin à la recherche du grand poisson sage et ils arrivèrent enfin dans la mer où le poisson vivait, et ils l'interrogèrent.

Et après les avoir entendus, il leur dit : "O poissons sots, qui ne réfléchissez pas ! Cependant, sages êtes-vous, le peu qui cherchez. Vous vivez et vous vous déplacez dans l'eau où vous avez votre existence. Vous êtes venus de l'eau et vous retournerez à l'eau. Vous vivez dans l'eau mais vous ne le savez pas." De la même manière vous vivez en Dieu, et pourtant vous Me priez : "Montre-nous Dieu." Dieu est en tout, et tout est en Dieu. »

Quelques questions :

Comment pensons-nous ?

Où cherchons-nous Dieu ?

Dieu n'est-Il pas la Vie en chacun et en toute chose ?

Nous vivons dans le grand courant de la Vie qui comprend les éléments, la nature, les animaux et les êtres humains, et pourtant bien souvent nous ne savons pas où est notre Créateur, le Créateur des Cieux et de la Terre, le Créateur de la nature, des animaux. Dieu est en tout.

Si nous ne cherchons plus mais que nous prenons conscience que tout est la grande unité, DIEU, nous avons alors fait un pas essentiel.

Nous devrions prendre conscience que le courant de la Vie, c'est Dieu.

Exerçons-nous à comprendre profondément que Dieu est dans l'Infini. Dieu est dans les Cieux. Dieu est sur la Terre. Dieu est dans les éléments, dans la nature, en chaque brin d'herbe, Dieu est en chaque animal et en nous.

Si nous nous sentons toujours plus proches du contenu de ces pensées, s'il nous touche profondément au niveau de nos sentiments, nous ressentons alors progressivement que nous ne sommes pas séparés du grand océan de la Vie. Nous prenons alors conscience que finalement, exprimé de manière symbolique, nous vivons dans l'eau de la Vie, que nous sommes consciemment dans l'eau de l'Existence, dans le grand océan Dieu. Si nous nous immergeons dans l'océan Dieu, dans l'eau de la Vie, en faisant toujours plus ce que Dieu veut, c'est-à-dire en respectant Ses commandements et en appliquant les enseignements de Jésus, nous développons alors également le sens de la communauté qui dit que la nature intérieure de l'être humain est ce qui relie les personnes vivant en Dieu dans un même état d'esprit.

Dès que l'on se sent relié au courant de la Vie, on ressent peu à peu que l'on n'est pas seul. Si, dans la communauté de ceux qui ressentent que Dieu est en nous, nous suivons le chemin que Jésus n'a eu de cesse d'enseigner, qu'Il a donc voulu nous transmettre, nous comprenons alors ces paroles du Christ : « *Je suis le chemin, la vérité et la vie.* »

Si nous suivons progressivement Son enseignement, nous sommes alors conduits vers d'autres personnes qui partagent notre manière de penser et de vivre. Il en résulte le vrai sens de la communauté, son sens profond qui est dépourvu de liens les uns envers les autres, mais où tous sont unis à Dieu au plus profond d'eux-mêmes.

Lorsque nous affirmons que Dieu est en nous, il se peut que certains réagissent en disant : « Quand on voit ce qui se passe dans la société actuelle, il s'agit là d'une affirmation vraiment audacieuse ! » Pourtant, conformément à la vérité, il est écrit dans de nombreuses bibles : « Le Très-Haut n'habite pas des demeures construites par la main des hommes. » Cette phrase soulève donc une question : Si Dieu n'habite pas dans les églises construites de main d'homme, où habite-t-Il donc alors ?

Beaucoup de personnes pensent qu'elles ont une âme. On pourrait bien sûr commencer à philosopher et se demander si cela est vrai ou pas. Mais partons du fait que nous soyons animés d'un corps de substance plus fine qui n'est pas de ce monde et qu'au plus profond de notre âme, de ce corps de matière subtile, se trouve la Vie, le souffle, DIEU, dont nous faisons l'expérience à travers notre respiration.

Nous ne devrions pas limiter la conception que nous avons de « la vie » à l'enveloppe terrestre, à l'être humain qui un jour poussera son dernier soupir et ne pourra plus ramener le souffle dans son corps par l'inspiration.

La Vie est éternité et nous nommons l'éternité « Dieu » ou « l'Eternel » ou encore « l'Existence éternelle » ou la « Vie éternelle ».

Pensons à la nature. Le printemps apporte plus de lumière, plus de soleil. La partie de la Terre qui s'est tournée vers le soleil revit alors. La nature commence à reverdir et à fleurir.

Qu'en est-il de nous-mêmes ? Si nous nous tournons vers la lumière, Dieu en nous, notre âme devient plus lumineuse, nous vivons plus consciemment, nous devenons plus libres et plus heureux. Nous devenons sincères, ouverts, droits et justes envers nos prochains, parce que nous nous sommes trouvés nous-mêmes en Dieu, la Vie, et que nous sommes fidèles à nous-mêmes.

Qui est fidèle à lui-même est également fidèle aux autres. Cela signifie qu'il ne trompe pas son prochain, il ne lui ment pas. Il dit la vérité, même si cela est désagréable à celui qui l'entend. Cependant, un vrai ami qui lui-même dit la vérité apprécie la vérité et en retire éventuellement une indication lui permettant d'aller encore plus en profondeur, de se rapprocher de la vérité universelle.

Revenons à notre thème : Dieu en nous, Dieu en vous, Dieu en moi. Chacun de nous est le temple de Dieu, Dieu habite en nous. La vie immortelle, le souffle de Dieu, est donc au plus profond de notre âme. La Vie s'écoule à travers notre âme. Elle s'écoule dans les cellules de notre corps. Elle est dans notre respiration. Notre cœur bat car il reçoit la Vie à partir de la Vie universelle, Dieu.

Si vous le souhaitez, essayez. Nous pouvons chaque jour, à chaque instant, apprendre à nous rapprocher de Dieu, la Vie en nous, et nous pouvons nous exercer à percevoir la Vie, Dieu, qui nous entoure en tout ce qui existe.

Nous faisons alors l'expérience de Dieu. Nous Le ressentons et nous ne nous lions plus à des personnes prétendant pouvoir prouver l'existence de Dieu.

Dieu est liberté

Celui qui parvient à la conviction intérieure que Dieu, l'Esprit universel, est en chacun et en toute chose, n'a plus besoin de religions extérieures, d'églises faites de main d'homme, de prêtres, de pasteurs, de cérémonies et de dogmes. Il se tourne vers l'Esprit libre, le Christ en nous, en chaque être humain, en chaque âme. Libérées des religions extérieures, l'âme et son enveloppe humaine se mettent à respirer pleinement et profondément, et une joie jusqu'alors inconnue, celle d'avoir trouvé la liberté, anime et stimule dès lors notre vie. C'est Dieu en nous, Dieu en vous, Dieu en chacun de nous.

Chacun de nous est le temple de Dieu et Dieu habite en nous. Le souffle est-il la vie immortelle, Dieu, Dieu en nous ? La Vie de Dieu est-elle également au plus profond de *notre* âme ? Tout à fait, Sa Vie s'écoule à travers notre âme. Elle s'écoule dans les cellules de notre corps. Et nous respirons la Vie. Notre cœur bat parce qu'il reçoit la Vie, la force qui rayonne de la vie universelle, Dieu. Que se passe-t-il au moment de la mort, lorsque nous rendons notre dernier souffle ? La Vie quitte notre corps. Mais que devient-elle ? A-t-elle tout simplement disparu ou continue-t-elle à exister ? La vie continue, car à l'instant même où l'être humain rend son dernier souffle et expire, l'âme inspire.

Pour beaucoup de prêtres et de pasteurs, l'affirmation « Dieu en nous » est quelque chose d'abstrait, car ils prennent pour référence les églises extérieures et les traditions.

Pourtant, Jésus de Nazareth n'a pas transmis de traditions ecclésiastiques. Il n'a pas enseigné que pour trouver Dieu nous devions aller dans des édifices construits par les hommes. Jésus a transmis un tout autre enseignement. Voici ce qu'Il dit aux prêtres, et cela reste valable quelle que soit l'époque : « *Ne vous faites pas appeler Rabbi, car un seul est votre Maître* », le Christ.

Jésus dit : « *Un seul est votre Maître.* » Nous pourrions donc nous demander où se trouve le Maître. Le Maître, c'est le Christ, la résurrection et la Vie *en* nous. Le Christ de Dieu est donc le Christ de Dieu *en* nous. Il est en Dieu la Loi de l'amour et de la liberté.

Vous êtes donc libre de croire ou non, de vous lier ou de devenir libre. Cela est valable pour tout le monde. Vous êtes libres d'aller dans des églises extérieures et de vous plier aux traditions ecclésiastiques. Mais vous êtes également libre de prendre conscience que Dieu ne connaît pas de traditions, que Dieu n'habite pas dans des édifices faits de main d'homme. La vérité, c'est qu'Il est en nous.

Chacun de nous est lui-même le temple de Dieu. Cette prise de conscience nous permet de ressentir toujours plus profondément que Dieu est omniprésent.

Personne ne devrait faire croire à son prochain qu'il peut prouver ce qu'il affirme quand ce n'est pas possible, tout particulièrement en ce qui concerne « Dieu en nous ».

Personne ne devrait lier son prochain à des traditions et des prières d'églises, ni à de la musique d'orgue, des chants ou autres rites et cérémonies.

Essayez de comprendre profondément que Dieu n'a rien à voir avec tout cela. Dieu habite en vous, Dieu habite en chacun de nous.

Les êtres humains veulent toujours avoir des preuves. Il est possible que certains lecteurs se disent que nous affirmons que Dieu est en nous, qu'Il est en toute chose, qu'Il est omniprésent, mais est-ce vrai ? Peuvent-ils prouver ce qu'ils disent ? Notre réponse est simple :

Essayez ! Dieu est en vous et vous pouvez Le trouver.

Beaucoup de personnes ont déjà fait cette expérience dans la prière : Dieu en nous. Celui qui persévère dans son souhait profond de trouver Dieu en lui par la mise en pratique progressive des commandements de Dieu et des enseignements de Jésus de Nazareth, ressent peu à peu Dieu en lui, Dieu qui est en nous tous.

Etre proche de Dieu rend heureux. On remarque assez rapidement que l'on ne peut mener une vie qui a un sens qu'avec des personnes qui suivent le même chemin, « Dieu en nous ». C'est de ce cheminement que grandit vraiment le sens de la communauté, la vie en commun, l'amitié authentique, vraie, profonde, qui ne se développent que lorsque nous ressentons que Dieu est en nous, dans notre prochain, que Dieu est *pour* nous et que nous sommes pour Lui.

Vivre véritablement, c'est vivre en Dieu

Jésus de Nazareth enseignait de se rendre dans une petite pièce silencieuse pour se tourner vers Dieu dans le silence. Il ne nous a pas dit d'aller dans des églises extérieures. Comment mettre en pratique cette indication ? Par exemple j'ai aménagé dans mon logement un petit espace réservé à la prière, j'y ai mis une petite table, une chaise, une bougie. Avec le temps, me retirer dans cet endroit est devenu pour moi un besoin du cœur. Je m'y rends pour prier ou encore écouter un peu de musique afin de faire le silence en moi pour ensuite adresser quelques prières profondes et intenses au plus profond de moi-même, à Dieu en moi.

Essayez, vous aussi, d'aménager chez vous ce petit coin réservé à la prière. Faites en sorte que, par la musique et la prière, cet endroit devienne un lieu qui exerce sur vous une réelle attraction, et prenez toujours plus conscience que Dieu, notre Père céleste, vous aime, qu'Il nous aime tous. Il souhaite que nous retournions auprès de Lui, car au plus profond de notre âme, nous sommes tous Ses fils et Ses filles, des enfants du Royaume de Dieu. Le Royaume de Dieu est notre patrie véritable, immuable, de toute éternité.

Jésus nous a enseigné que le Royaume de Dieu est en nous. En d'autres termes, le Royaume de Dieu est la Loi de la Vie, c'est Dieu. Par conséquent, Dieu est en nous.

Chacun est libre de croire ou pas que l'être humain n'est que de passage sur Terre et qu'il porte en lui l'éternité. Notre âme a endossé temporairement un corps humain pour pouvoir exister dans ce monde. Au moment où le corps meurt, l'âme poursuit son chemin dans les sphères de l'au-delà. Et elle le poursuivra jusqu'à ce qu'elle ait complètement retrouvé son Créateur, Dieu, son Père, au plus profond d'elle-même. Elle fait alors une avec Lui, tout comme Jésus qui disait : « *Le Père et Moi sommes un.* »

Ces paroles de Jésus, le Christ, sont merveilleuses : « *Mon Père et Moi sommes un.* » C'est en fait le but à atteindre pour chacun de nous. Nous sommes issus de Dieu, nous sommes en Dieu et nous suivrons à nouveau le chemin qui mène à Lui en nous, afin de faire à nouveau un avec le puissant courant, l'océan incommensurable de l'Existence universelle, Dieu en nous. Redevenus un être pur, nous pourrons dire, nous aussi : Mon Père et moi sommes un.

Cette perspective pourrait nous stimuler. Seule l'unité intérieure en Dieu, notre Père éternel, nous relie comme frères et sœurs faisant partie du Royaume de Dieu. Seule la patrie éternelle en Dieu, notre Père, nous unit.

Revenons à l'expression « sens de la communauté ». La communauté, la bonne entente, avec notre prochain qui comme nous est un fils ou une fille de Celui qui est infini, nous relie à Dieu, notre Père, et à notre patrie éternelle. C'est le but de notre chemin. C'est là la Vie ! Vivre véritablement, c'est vivre en Dieu. Et une vie qui correspond à la volonté de Dieu est vérité. Et la vérité, c'est finalement le Royaume de Dieu.

Nous espérons et souhaitons que vous aussi ayez pris conscience qu'aucune organisation extérieure ne peut vous conduire à Dieu. Il existe bien des personnes regroupées extérieurement en communautés, mais si nous nous accrochons à ces formes extérieures, nous sommes obligatoirement amenés à nous poser cette question : Existe-t-il un vrai ami, un ami sincère qui, à long terme, a la force intérieure et le rayonnement nécessaire pour porter chacun personnellement dans le sens de la communauté intérieure ?

Un jour ou l'autre, chacun devra se trouver lui-même. C'est pourquoi nous nous permettons ces quelques questions incitant à la découverte de soi-même : Qui êtes-vous vraiment ?
Qui sommes-nous vraiment ?
Tous ceux qui veulent vraiment se trouver y parviennent. Et tous ceux qui le veulent analyseront le sens de ces paroles :

> Dieu est toujours présent.
> Il est l'Infini.
> Il est dans l'univers tout entier.
> Il est dans la nature, en chaque animal, chaque plante, chaque pierre.
> Il est dans les éléments.
> Il est dans l'être humain.
> Dieu est omniprésent.

Il résulte de ces paroles que Dieu est en chaque âme, et ainsi également en vous. Dieu *est* avec vous. Dieu *est* à vos côtés. Dieu est avec chacun de nous et auprès de chacun.

Si ces paroles ont également éveillé en vous la nostalgie de ressentir Dieu au plus profond de vous, vous pouvez, et nous pouvons tous, cultiver cette proximité. Si nous nous rendons régulièrement dans la petite pièce silencieuse – même s'il ne s'agit que d'un petit coin silencieux – elle nous attirera régulièrement.
N'amenons pas de pensées négatives du moi humain dans ce petit espace aménagé pour nous intérioriser et n'y allons que si nous voulons écouter de la musique apaisante et prier. Et lorsque nous prions, tournons nos prières vers l'intérieur, au plus profond de notre âme, car nous sommes nous-mêmes le temple de Dieu, et Dieu habite en nous.

Notre souhait, en tant que personnes suivant Jésus de Nazareth, est de témoigner pour Dieu, non pas pour nous-mêmes, non pas pour une communauté traditionnelle, mais uniquement pour Dieu. C'est LUI que nous aimerions faire connaître à nos prochains.

Nous avons trouvé Dieu, la Vie au plus profond de notre âme et nous savons qu'Il nous aime tous, car c'est en tant que Père éternel qu'Il nous a contemplés et créés dans Son cœur. Celui qui dans la prière profonde cherche la communication avec Lui Le ressentira de plus en plus. Nous pouvons en parler, mais nous ne pouvons pas le prouver.

Nous le savons mais ne pouvons pas le prouver : Vous vivez éternellement, nous vivons tous éternellement, car Dieu est éternel. Dieu, notre Père céleste, nous a créés en tant qu'êtres purs de matière subtile. Un jour, notre corps humain mourra, mais l'appel que Dieu nous adresse garde toute sa validité, cet appel que nous reconnaissons par exemple dans ces paroles du Christ de Dieu : *« Venez tous à Moi, vous qui êtes fatigués et chargés. Je veux vous soulager. »*

Où aller puisque l'Esprit de Dieu, le Christ de Dieu, se trouve au plus profond de notre âme ? Allons vers Lui, Lui qui vit en nous.

Comment
se rapprocher de Dieu ?

Beaucoup de personnes se demandent où se rendre et comment parvenir à l'Esprit de Dieu, au Christ de Dieu, s'Il est au plus profond de notre âme ?

Le Christ de Dieu, en Jésus de Nazareth, nous a donné un merveilleux chemin qui nous conduit en nous-mêmes, au plus profond de notre âme. C'est la communication du cœur grâce à laquelle chacun peut construire une relation vivante avec l'Esprit éternel en lui-même.

Si vous souhaitez faire l'expérience de Dieu, alors accueillez profondément en vous ces paroles de Jésus de Nazareth : « *Mais toi, quand tu pries, entre dans la pièce la plus retirée, ferme la porte et prie ton Père qui est dans le secret ; et ton Père, qui voit dans le secret, te le rendra.* »

Jésus parla d'une pièce retirée, nous l'appelons également « petite pièce silencieuse ».

Il est donc conseillé de se rendre dans une petite pièce silencieuse – ou un coin de prière dans une pièce – pour s'intérioriser, se recueillir, ordonner de plus en plus ses pensées et parvenir ainsi au silence véritable. De cette manière, nous parvenons progressivement à nous défaire de nos pensées de nature humaine. Il s'agit en fin de compte d'un pas en direction d'une pensée positive.

Retirez-vous dans un endroit silencieux pour réfléchir au sens des paroles suivantes :
Dieu est toujours présent.
Dieu est dans la nature. Dieu est en chaque animal et chaque plante, en chaque pierre, en chaque arbre majestueux.
Dieu est au plus profond de votre âme.
Dieu est avec vous et auprès de vous.
Dieu est au-dessus de vous, dans les immenses astres. L'Esprit qui agit en toute chose,

et qu'en Occident chrétien nous appelons DIEU, est partout.

Ce serait le premier pas pour prendre conscience que Dieu est toujours présent. Le second serait de se dire : Si Dieu est toujours présent dans toute la nature, en chaque animal, il est alors logique qu'Il soit également en nous, au plus profond de notre âme.

Si vous avez de la peine avec l'idée de la petite pièce silencieuse, repensez à Jésus de Nazareth qui enseignait que chaque être humain est le temple de Dieu et que l'Esprit de l'Infini, que nous appelons Dieu, habite dans l'être humain, en chaque âme.

Que voulons-nous faire de cette affirmation ? Tout simplement l'ignorer ou bien lui accorder quelques instants de réflexion ? Même si nous ne le faisons que brièvement, peu à peu nos pensées iront plus en profondeur et nous y réfléchirons plus longtemps, et un jour, tout à coup, nous ressentons que quelque chose se met en mouvement en nous, une aspiration profonde à prier.

Si vous le voulez, allumez une bougie, asseyez-vous bien droit et priez en vous-même, au plus profond de votre âme. Si vous êtes agité et que vous ne trouvez pas le calme, écoutez un peu de musique harmonieuse. Elle nous aide à nous défaire des pensées de la journée et nous prépare à nous intérioriser afin de pouvoir prier profondément.

Avec le temps, vous reconnaîtrez que durant ces minutes, vous entrez dans votre propre monde intérieur et que vous vous percevez d'une manière toute nouvelle. De cette manière, vous apprendrez à vous trouver vous-même. Rapidement, vous ressentirez que vous n'êtes pas seul, qu'un grand et puissant Esprit, la puissance de l'Infini, habite en vous. Il vous apporte aide et force pas seulement dans la prière, mais aussi pour vivre le quotidien dans Son Esprit.

Comme nous tous, un jour ou l'autre, vous vous demanderez : Que puis-je faire de plus pour me rapprocher de Dieu, pour transformer positivement tout mon état d'esprit et ma manière de vivre ? Lorsque ce souhait vibrera dans votre cœur, vous vous souviendrez alors des indications offertes par le monde divin pour orienter notre vie. Dieu, notre Père éternel, nous a en effet donné les Dix Commandements à travers Moïse ainsi que le Sermon sur la Montagne à travers Jésus, le Christ, qui sont de véritables cadeaux de Dieu.

Régulièrement, on entend qu'il est très important d'avoir des pensées positives et beaucoup de gens se demandent ce qu'est une pensée positive.

Je pourrais par exemple me dire : « J'affirme que l'être humain est bon ! » ou bien « Je me réjouis du contact avec la nature et du chant des oiseaux » ou encore « J'affirme que mon travail se déroule bien et que je suis globalement en harmonie avec mes collègues ».

Toutes ces affirmations sont-elles des pensées positives ? Ou bien y a-t-il d'autres aspects à considérer que la simple affirmation extérieure ?

Une indication permettant à chacun de se venir lui-même en aide serait d'analyser ce qui se trouve derrière les pensées, paroles et actes que nous considérons comme positifs et de se demander s'ils sont vraiment si irréprochables que ça ou bien si derrière nos pensées et comportements apparemment positifs, ne se cachent pas des sentiments et pensées de nature bien différente ? Il se peut, par exemple, qu'en secret nous dévalorisions notre prochain ou l'utilisions à nos propres fins.

Par exemple, je m'adresse à mon prochain et me comporte envers lui de sorte qu'il fasse ce que moi-même je ne sais pas encore très bien faire. Je vais dire du bien de lui et le flatter afin de l'amener à faire une partie de mon travail. Peut-on dire de cette attitude qu'elle est positive ? En apparence, elle peut le sembler, mais le contenu de notre comportement, ce que dans la mesure du possible nous essayons de cacher aux autres, est d'une tout autre nature.

Ceux qui suivent les traces du Nazaréen ont appris à remettre en question et à analyser leurs pensées, paroles et attitudes extérieures qui semblent tout particulièrement positives. Ils se demandent alors ce qu'il y a derrière ces comportements apparemment positifs.

Si nous souhaitons regarder en face qui nous sommes véritablement, nous pouvons utiliser les Dix Commandements de Dieu et mesurer à certains d'entre eux ce qui se cache derrière notre comportement. Ainsi, nous remarquons rapidement ce qui ne va pas en nous, ce que nous devrions faire pour y remédier et comment nous devrions en fait penser, nous exprimer et agir. Ce serait là la clé d'une pensée vraiment positive.

Vous penserez peut-être, à juste titre, que ce qui est écrit ici ne peut pas être prouvé. Pourquoi en est-il ainsi ? Parce que Dieu souhaite que vous vous prouviez à vous-même qu'Il est en vous. Si ceux qui suivent Jésus de Nazareth peuvent en parler, c'est parce que plus d'un ont fait l'expérience profonde que Dieu, la force de la Vie, est en eux-mêmes, en nous tous.

La Vie est vie éternelle parce que Dieu est éternel. Etant donné que Dieu a contemplé et créé ce qui est au plus profond de notre âme, nous vivrons éternellement, pas en tant qu'être humain, mais en tant qu'être divin, en tant qu'être pur.

Chacun sait qu'un jour ou l'autre, notre corps physique meurt. Cependant, le Christ de Dieu est présent et Il nous appelle. Il appelle aussi l'âme lorsqu'elle quitte le corps physique. Et cet appel dit : « *Venez à Moi, vous tous qui peinez et ployez sous le fardeau, et Moi* », le Christ, « *Je vous soulagerai* ».

Vers qui se tourner lorsque le chagrin ou la douleur nous accablent, lorsque notre foi en Dieu vacille ou si nous ne croyons en rien ? Un jour ou l'autre vient le moment où nous nous demandons si Dieu existe. Si vous vous posez cette question, soyez attentif à ce qui se passe au plus profond de votre âme, tendez l'oreille et vous « entendrez » l'appel qui dit : « Viens à Moi, le Christ, car Je veux soulager tous ceux qui peinent et ploient sous le fardeau ! »

Celui qui s'est exercé à l'analyse et maintient sa conscience éveillée et alerte saisit très rapidement le sens des Commandements de Dieu ainsi que du Sermon sur la Montagne de Jésus.

Le genre humain de la Nouvelle Ere

Que nous le croyions ou pas, une Nouvelle Ere a commencé. Elle vient ! Nombreux sont ceux qui souhaitent devenir une personne nouvelle, libre, vivant dans l'Esprit de Dieu, quelqu'un qui respecte et aime la nature, et qui communique avec son prochain dans la paix, avec la force de Dieu.

C'est ainsi que seront les personnes de la Nouvelle Ere, les générations futures. Etes-vous partant ?

Vous n'avez pas besoin d'un guide extérieur, car vous avez en vous le Guide intérieur, l'Esprit du Christ de Dieu. Il est en chacun de nous. Essayez de vous trouver vous-même afin de vous rapprocher de la vie véritable ! Personne n'a le droit de vous obliger à mettre en pratique ce qui est donné par l'Esprit. Dans l'Esprit de la vérité, en Dieu, vous êtes, et nous sommes tous, des personnes libres. Personne n'y est donc contraint mais chacun en a la possibilité !

Que comprenons-nous par « vie véritable » ? Tout un chacun qui se voit au milieu des autres et s'entend parler pense bien sûr qu'il vit !

Cependant, poussons notre réflexion un peu plus loin et demandons-nous si la vie que nous vivons sur cette Terre est en fait notre vie véritable.

Si vous souhaitez savoir plus en détail ce qu'est la vie véritable, prenez tout simplement les Dix Commandements de Dieu ou le Sermon sur la Montagne de Jésus. Lisez-les de façon posée et concentrée. Un bon analyste qui aspire à comprendre le sens profond de ces paroles claires voit plus en profondeur et comprend ce que le Tout-Puissant a déposé dans les Dix Commandements qu'Il a donnés à l'humanité à travers Moïse.

Un bon analyste saura reconnaître et comprendre en profondeur le Sermon sur la Montagne de Jésus. C'est dans cette profondeur qu'est enracinée la vie véritable. Et il est tout à fait possible de vivre cette vie véritable. Le Sermon sur la Montagne est proposé à chacun comme ligne de conduite, la condition étant bien sûr qu'il le veuille. Suivre ces indications ne nous transforme pas en des personnes « hautement religieuses », voire en saints ! Non, mais nous devenons plus calmes, plus posés, des personnes qui tout simplement appliquent avec sérieux la règle de vie enseignée par Jésus de Nazareth : « *Comporte-toi envers les autres comme tu voudrais qu'ils se comportent envers toi.* » Plus connue est la formulation populaire qui dit : « *Ne fais pas aux autres ce que tu ne voudrais pas qu'on te fasse.* »

En fin de compte, ces deux phrases ont le même sens. Il nous faut apprendre à les comprendre en profondeur. Si nous les avons comprises et les mettons progressivement en pratique dans notre vie, nous serons témoins de ce que nous appelons des petits miracles car nous irons beaucoup mieux. Nous serons plus heureux et surtout plus libres. Nous ne serons plus dépendants d'autres personnes et cesserons de nous lier à nos prochains. Nous ressentirons et ferons alors l'expérience de ce que signifie la liberté.

La liberté fait partie des commandements de Dieu. Qui n'y aspire pas ? Donc, essayons d'analyser peu à peu les commandements de Dieu et de comprendre le Sermon sur la Montagne, afin de les mettre en pratique dans notre vie quotidienne. C'est ce qui apporte la liberté et nous rapproche de Dieu. Et en le faisant, nous apprenons que Dieu est en nous. C'est cela la vraie réalité, la vie véritable qui nous fait retrouver la joie, malgré l'évolution négative et l'effondrement global auquel nous assistons dans tous les domaines, malgré la souffrance qui sévit de toutes parts.

Nous avons un Père qui est notre Père à tous, le Père dans les Cieux. Adressez vos prières à Son Esprit qui habite en vous et en chacun de nous. Car, Dieu, notre Père, aime chacun de nous. Son amour est indéfectible et éternel. Nos prières du cœur nous permettent de nous rapprocher de Lui, notre Père éternel, et de faire l'expérience de Sa force et de Son aide en nous. Nous prenons alors conscience que nous n'avons pas besoin de confessions religieuses ni de traditions ecclésiastiques. En fin de compte, les prêtres sont superflus car nous n'avons pas besoin d'intermédiaires.

Nous avons *en* nous quelque chose de merveilleux, d'inégalable, un trésor d'une valeur inestimable.

Jésus, le Christ nous appelle à déterrer ce trésor. En effet, Jésus enseigna : « *Je* », c'est-à-dire le Christ, « *suis le chemin, la vérité et la vie* ». Et le Christ nous a appelés à Le suivre, Lui, le Christ. En fin de compte, pour chacun de nous cela signifie de rechercher le calme dans un endroit silencieux, de prier et d'appliquer les vérités dont nous prenons conscience au cours de notre prière profonde.

Dieu est présent

Faire l'expérience de Dieu en nous est un grand cadeau. Avec le temps, vous remarquerez que vous devenez plus libre et plus heureux. Vous remarquerez également que chercher Dieu dans un lieu extérieur, comme par exemple dans une église faite de main d'homme, reste quelque chose de théorique.

Commencez à déterrer ce trésor et vous verrez quelle joie procure le fait de se sentir proche de quelqu'un dans son cœur. Il ne s'agit naturellement pas d'une personne physique. Celui dont vous vous rapprochez est Celui auquel nous nous adressons en disant « *Notre Père* », « *Notre Père, Toi qui es aux Cieux, Ton nom est sanctifié* ».

Sanctifiez Son nom ! Priez au plus profond de votre âme. Priez profondément, accomplissez pas à pas vos prières et vous ressentirez une présence, la présence du Père dans les Cieux,

Lui que nous louons dans le « Notre Père ». Rapidement, vous ressentirez que vous n'êtes pas seul, que quelque chose frappe à la porte de votre cœur, que quelque chose respire et s'écoule en vous. Vous ressentirez que c'est l'Esprit, l'Esprit de notre Père céleste, la Vérité. C'est le courant de la Vie en vous, en chacun de nous.

Voyez comme la petite pièce silencieuse est proche de nous ! Progressivement, vous parvenez à la confiance profonde, à une certitude intérieure, parce que vos prières sont de plus en plus intenses, que la liberté grandit en vous et que vous abordez votre prochain, son être profond, d'une tout autre manière. Le bonheur intérieur qui a grandi en vous et continue à se développer rayonne et peut alors toucher l'âme de vos prochains dans la mesure où ils cherchent Dieu, le Dieu véritable.

Remémorons-nous encore une fois ce message qui, lorsque nous en prenons véritablement conscience, nous offre toujours plus la sécurité intérieure et nous apporte au quotidien l'inestimable certitude d'être portés par la force universelle divine et par l'amour divin.

Vous n'avez pas besoin de guides extérieurs. Vous avez le meilleur des guides *en* vous. C'est le guide intérieur, l'Esprit de l'Infini, le Christ de Dieu au plus profond de votre âme.

Il est en vous, Il est en chacun de nous, toujours présent.

Lorsque vous vous promenez,
Dieu est présent.

Lorsque vous parlez avec votre prochain,
Dieu est présent.

Lorsque vous allez au travail,
Dieu est présent.

Lorsque vous prenez vos repas,
Dieu est présent.

Lorsque vous allez vous coucher,
Dieu est présent.

Lorsque vous vous réveillez,
Dieu est présent.

Lui, le puissant Esprit en vous,
aimerait vous accompagner tout au long
de la journée.

Chers amis, que pouvons-nous nous sou-
haiter mutuellement de mieux que la paix,
la joie, le bonheur, la santé et surtout : Dieu
avec nous, car Dieu est en nous !

Suggestions de livres

L'unité universelle parle

La Parole de
l'Esprit créateur universel

Une œuvre cosmique d'enseignement et d'apprentissage donnés à l'école de la Sagesse divine.
Extraits d'entretiens avec Gabriele réunis par Martin Kübli et Ulrich Seifert

Existe-t-il une puissance supérieure allant au-delà de toutes les religions ?
Ce livre vous fera découvrir une nouvelle image de Dieu. Vous y trouverez des réponses que l'enseignement confessionnel ne donne pas, et cela sur des thèmes aussi variés que le big-bang ou les catastrophes naturelles, les causes des addictions de l'homme et de son comportement meurtrier.
Trouvez, dans ce livre, comment parvenir à une vie plus consciente. Découvrez aussi pourquoi il est important de faire preuve d'amour et de respect envers toutes les formes de vie ! Découvrez comment apprendre des animaux et vivre toujours plus en harmonie avec la nature !

Quelques thèmes : La création • Qu'y avait-il avant le Big-bang ? • L'être humain a détruit la symbiose originelle et harmonieuse qui existait entre les animaux et la nature. La Terre maltraitée se rebelle • Pourquoi Dieu n'intervient-Il pas ? • Parvenir à la libération de l'âme. Nous pouvons stopper le désastre causé par nos pensées • Qu'est-ce qui nous sépare de l'unité universelle, de la communication avec Dieu, le Créateur éternel ? • les animaux perçoivent notre rayonnement... Ce livre comprend également des contributions de médecins et de scientifiques.

408 pages avec des photos couleur et un CD comprenant 2 méditations de Gabriele, données à partir de la conscience divine
ISBN 978-3-89201-440-9

La vie
que j'ai moi-même choisie

Qu'est-ce que la vie en réalité ?

Et pourquoi chacun a-t-il une vie différente ?

Le hasard existe-t-il ?

Pourquoi suis-je né dans cette famille et pas dans une autre ?

Pourquoi est-ce que je rencontre toujours le même type de personnes ?

Suis-je livré à mon destin ? Qui l'a décidé ? Comment le changer ?

Gabriele, la prophétesse et messagère de Dieu, explique dans ce livre que notre vie va bien au-delà de ce que nous percevons en général ! Elle nous aide à comprendre en profondeur les évènements de notre vie et nous montre aussi comment en changer le cours.

Extrait de la table des matières :

- Dieu est la vie infinie et éternelle d'où est né l'univers
- De la responsabilité de l'homme pour son comportement, ses valeurs, son chemin de vie – conséquences fatales, également pour son âme dans l'au-delà
- La loi causale
- Saisir et analyser les indications données par l'énergie du jour
- Mettez à profit vos journées !

60 pages • ISBN 978-3-96446-014-1
Egalement disponible en e-book : www.editions-gabriele.com

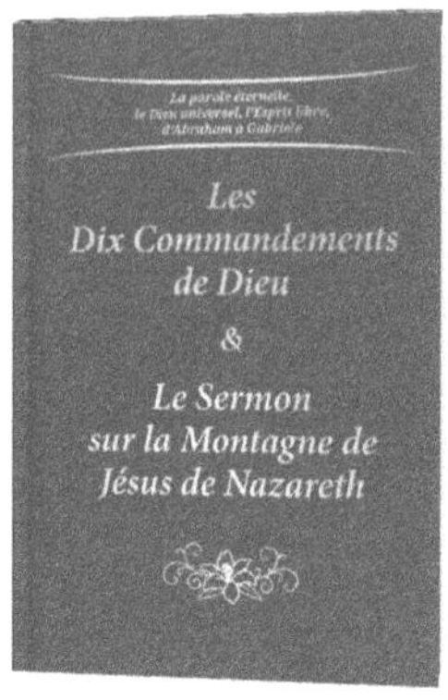

Les Dix Commandements de Dieu
&
Le Sermon sur la Montagne de Jésus de Nazareth

Les Dix Commandements de Dieu et le Sermon sur la Montagne de Jésus de Nazareth n'ont rien à voir avec la religion ! Ce sont des aspects de la Loi éternelle de l'amour pour Dieu et pour le prochain, des principes éthiques et universels qui s'adressent à toute personne, quelle que soit sa culture. Ils nous mènent à la paix intérieure et à la liberté, et nous aident à nous rapprocher progressivement de Dieu, l'Esprit libre, en nous et en toute vie.

Découvrez les Dix Commandements expliqués avec le langage d'aujourd'hui ainsi que les explications des enseignements du Sermon sur la Montagne révélées à notre époque par le Christ Lui-même à travers Gabriele, la prophétesse et messagère du Royaume éternel.

La mise en pratique de Ses enseignements peut changer notre vie ! Faites vous-mêmes l'expérience de l'Esprit libre, Dieu en nous.

215 pages • ISBN 978-3-96446-064-6
Egalement disponible en e-book : www.editions-gabriele.com

N'hésitez pas à demander notre catalogue complet ainsi que des extraits gratuits de livres auprès de notre diffuseur en France :

Diffusion des Editions Gabriele
BP 50021 • 13376 Marseille 12 • France
Boutique en ligne : www.editions-gabriele.com
Boutique internationale : www.gabriele-publishing.com

www.ingramcontent.com/pod-product-compliance
Lightning Source LLC
LaVergne TN
LVHW051106180726
843512LV00020B/1625